SUPPLIQUE

Du Sieur SÉBASTIEN - MARC CORBEL, Marchand Tanneur en la ville de Caen, Officier de la Garde Nationale de la même ville,

A NOSSEIGNEURS

DE L'ASSEMBLÉE NATIONALE DE FRANCE.

NOSSEIGNEURS,

IL étoit réservé à votre sagesse et à votre patriotisme d'anéantir les impôts les plus onéreux et les plus vexatoires dont les peuples étoient grevés. Un des plus révoltans

A 2

sans doute étoit celui qui se percevoit sur les cuirs. Par votre décret du 22 mars dernier, vous avez supprimé cet impôt, et vous en avez ordonné le remplacement provisoire de telle maniere que les peuples sont soulagés, et qu'une branche très-essentielle de commerce va recevoir une nouvelle activité.

Le même décret qui a supprimé le droit sur les cuirs a aussi *éteint sans frais tous procès mus à ce sujet.* Ce n'étoit pas assez, pour remplir vos vues paternelles, que l'impôt ne pût être perçu par la suite, vous avez jetté vos regards en arriere sur la classe malheureuse qui avoit été plus particulierement l'objet de l'avidité fiscale, et votre humanité vous a déterminés à prononcer qu'on ne pourroit ultérieurement inquiéter ceux qui précédemment avoient cherché à se soustraire aux loix alors existantes et que vous avez abolies. Déjà vos principes étoient connus; vous aviez brisé les chaînes des infortunés qui s'étoient rendus coupables de contravention aux loix de la chasse, et de ceux qui avoient été condamnés pour faux-saunage. Tant de bienfaits, Nosseigneurs, vous assurent de la part du peuple une reconnoissance éternelle.

SUPPLIQUE

Du Sieur SÉBASTIEN - MARC CORBEL, Marchand Tanneur en la ville de Caen, Officier de la garde nationale de la même ville,

A NOSSEIGNEURS

DE L'ASSEMBLÉE NATIONALE DE FRANCE.

―――

1790.

Au moment où je partageois les transports de la joie universelle qu'avoit excitée votre décret du 22 mars, on a fait naître en moi les plus vives alarmes. Je croyois avoir bien saisi l'esprit et les principes de ce décret, et si on n'est pas parvenu à me convaincre que je m'étois mépris sur sa véritable intelligence, au moins on m'a donné une inquiétude qu'il n'appartient qu'à vous seuls, Nosseigneurs, de calmer.

La partie du décret par laquelle vous avez éteint sans frais tous procés, est interprêtée diversement. Les uns prétendent que la régie, qui auroit exercé des vexations inouies contre un particulier, qui l'auroit contraint à sacrifier sa fortune pour venger l'honneur qu'elle vouloit lui ravir, qui auroit occasionné la ruine et la perte de son commerce ; que la régie, dis-je, en ce cas, ne pouvoit plus être poursuivie, et qu'elle obtenoit dès-lors l'impunité des forfaits et des crimes dont ses préposés se sont rendus coupables.

Les autres soutiennent, plus judicieusement, suivant moi, que votre intention n'a été que de favoriser ceux des citoyens qui étoient l'objet des poursuites de la ferme en lui faisant remise des amendes et des peines qu'ils avoient pu encourir; mais qu'elle ne fut jamais d'empêcher le citoyen vexé, persécuté, ruiné par l'effet des plus criminelles manœuvres de la justice la réparation des torts énormes qu'on lui a fait essuyer, lorsque les faits qui assurent cette réparation sont constatés de la manière la plus authentique et la plus légale.

Cette dernière opinion me paroît être la seule raisonnable qu'on puisse concevoir de votre décret du 22 mars. La nation, dont vous êtes les augustes représentans, a bien la faculté de faire remise des amendes et des droits qui se percevoient à son profit. C'est alors le créancier qui fait remise de sa dette à son débiteur; rien ne s'oppose à cette remise, qui n'est que l'effet de la bienfaisance et de la générosité.

Mais comment supposeroit-on que l'assemblée nationale, qui a consacré en principe le respect des propriétés, forceroit un particulier à faire l'abandon de sa fortune, qu'on lui a ravie? Ce ne seroit plus alors la nation qui feroit généreusement la remise de sa créance, ce seroit admettre au contraire en principe, que le débiteur est fondé en ce cas à contraindre au silence le créan-

(7)

cier qu'il a eu l'indignité de spolier par les voies les plus odieuses.

Je n'entrerai point ici, Nosseigneurs, dans le détail particulier des faits qui me sont personnels; ils sont relatés dans un mémoire que j'ai mis sous les yeux de votre comité des finances. (1) Je ne puis cependant me dispenser de vous en exposer succinctement quelques-uns dont le simple récit suffira pour vous convaincre que l'explication que j'ai l'honneur de vous demander ne peut m'être refusée.

Depuis 26 ans j'exerce en la ville de Caen le commerce de tannerie : mes ancêtres l'avoient exercé de pere en fils depuis près de quatre siecles. En héritant de la profession de mes peres, j'avois aussi hérité de leur loyauté. Jamais je n'ai essuyé de reproches de la part de mes concitoyens; jamais il ne m'en a été adressé par ceux avec lesquels j'ai fait quelque négoce. Vingt ans se sont même écoulés sans que j'eusse éprouvé avec la régie des cuirs aucuns démêlés.

Mais l'année 1785 a été l'époque où les préposés ont troublé cette harmonie; ils ont

---

(1) Le comité des finances a renvoyé cette affaire au comité des rapports.

intenté successivement contre moi depuis ce temps cinq procès.

Le premier de ces procès eut lieu le 6 avril 1785. Les commis saisirent chez moi quatre cuirs, sous le prétexte qu'ils n'étoient pas marqués : ils l'avoient été cependant ; mais si foiblement qu'à peine appercevoit-on l'empreinte. Les commis vouloient me rendre la victime de leur négligence. Ils furent convaincus, je fus justifié, et ils furent condamnés.

Le second me fut bientôt suscité : deux cuirs furent saisis, non pas comme étant sans marques, mais comme en portant de fausses. Il fut constaté que les marques étoient bonnes, la saisie fut déclarée vexatoire, et la main-levée m'en fut adjugée avec dépens.

Le troisieme procès suivit de près les deux premiers. J'avois fait ma déclaration de mettre 15 cuirs au séchoir. On m'avoit remis un bulletin conforme à ma déclaration, mais on ne l'écrivit pas sur le registre. Les commis virent plusieurs fois ces cuirs au séchoir sans faire aucune reprise ; mais quand il se fut écoulé un temps assez considérable pour se persuader qu'égaré par la confiance que devoient inspirer des visites successives de ces cuirs sans réclamation, j'aurois négligé de conserver mon bulletin, on vint chez moi, et le 27 Juin 1785 les commis, en voyant mes 15 cuirs, demanderent mon bulletin; je l'avois constamment égaré. En vain j'invoquai le registre, on saisit mes cuirs, on examina judiciairement le registre, et ma déclaration ne se trouva point inscrite sur le registre. J'allois être condamné, quand le hasard me fit retrouver mon bulletin. Les élus de Caen condamnerent le régisseur en 200 liv. d'intérêts envers moi, et ordonnerent le dépôt du registre au greffe pour en être dressé procès-verbal.

~~Quelque tems après, en~~ mon absence les commis marquerent chez moi huit cuirs du marteau de préparation; mais ils affecterent d'appliquer les marques sur des endroits couverts de tan; afin que l'empreinte ne fût pas bien faite, et que le frottement la fît disparoître.

A mon retour, je forçai les commis d'en apposer de nouvelles, et j'exigeai un acte par lequel ils reconnoissoient leur faute.

Au mois de novembre 1786, j'envoyai quarante-deux cuirs à Paris pour être vendus à la halle. Les employés, à l'arrivée des cuirs trouverent qu'ils portoient l'empreinte de la régie, et apposerent sur ces cuirs le marteau de la halle ; mais sur les renseignemens donnés par les employés de Caen, ceux de Paris revinrent à une nouvelle vérification ; cette vérification fut suivie d'une saisie. J'inscrivis en faux les commis de la halle ont succombé ; la sentence de l'élection de Paris, qui les déclare atteints et convaincus de faux, est du 9 juin 1787. Ce jugement n'a point été au surplus définitif, attendu la demande du régisseur, tendante à ce qu'il fût sursis audit jugement jusqu'après celui qui s'instruit en l'élection de Caen, ~~sur un faux énoncé employé dans une requête du 8 juin, au moment du jugement.~~

La veille de la foire de Caen, 1787, les commis de cette ville méditerent une autre manœuvre : par-tout ils succomboient ; ils imaginerent un moyen de se venger. Ils vinrent le soir chez moi : ils apposerent sur plusieurs cuirs les marques de perception. J'examinai cette marque avec attention, et je m'apperçus qu'elle n'étoit pas celle dont on se servoit ordinairement. Je fus au greffe précipitamment pour m'informer s'il y avoit une nouvelle empreinte ? On me répondit que non. Je revins aussitôt chez moi. J'amenai des personnes de connoissance, et en leur présence je dis aux commis que j'arguais de faux les marques qu'ils apposoient sur mes cuirs. Je les interpellai de couper plusieurs de ces marques déjà appliquées, et de les déposer au greffe pour être comparées et vérifiées sur l'empreinte-matrice : ils ne voulurent pas accéder à cette réquisition.

Les commis prétendirent que je voulois faire rébellion ; ils soutinrent leurs marques véritables et continuerent de marquer. Je leur déclarai que j'allois me transporter à l'instant au greffe avec les témoins pour y déposer les cuirs. Ils refuserent de m'y accompagner, et je fis le dépôt.

Cela se passa le samedi au soir, et dura jusqu'à minuit.

Ils revinrent le lendemain pour marquer les autres cuirs qui n'avoient pu l'être la veille, et je m'apperçus que la seconde marque étoit fausse encore, quoiqu'elle ne fût pas la même que celle dont ils s'étoient servi la veille.

Sur mes nouvelles réclamations les commis consentirent à couper des morceaux de cuirs empreints et à les déposer. Leur procès-verbal constate que je les accusois de faux.

Les commis voyant que j'allois poursuivre pour les faire punir, userent d'un subterfuge nouveau. Ils crurent (1) qu'en reconnoissant la fausseté d'une des marques et en disant qu'elle avoit été substituée à la véritable presse, ils en imposeroient à la justice. Ils prirent le ton de l'arrogance, et ils donnerent en quelque sorte à entendre que cette substitution d'une fausse presse à la véritable, étoit mon ouvrage.

---

(1) Dans la requête que Me Kalendrin présenta aux juges d'élection de Caen, le 24 avril 1787, il exposa que son prédécesseur lui avoit transmis une presse pour la marque de perception des droits sur les cuirs et peaux, dont l'empreinte avoit été déposée au greffe le 23 août 1782, mais qu'*il vient de s'appercevoir d'une substitution faite depuis quelques jours d'une autre presse, dont l'empreinte est visiblement fausse, et imitée, de façon que les commis ont été induits en erreur, étant de si bonne foi qu'ils n'ont pas craint d'en déposer les marques au greffe, dans une boîte ficelée et cachetée.*

L'information & les pièces du procès indiquent quelle idée on doit concevoir d'une pareille défaite.

Je présentai ma plainte le 8 mai 1787 aux élus de Caen, et je demandai que, pour établir l'accusation de faux principal que je formai, je fusse autorisé de faire informer par témoins et par experts des faits énoncés dans ma plainte.

Des experts opérerent ; des témoins furent entendus, et la preuve des faits que j'avois articulés a été acquise d'une maniere claire et évidente.

Le 8 mai 1788, sentence fut rendue qui décréta de prise-de-corps le contrôleur et deux autres employés. Ils ont interjetté appel de cette sentence en la cour des aides de Rouen. Arrêt est intervenu le 23 juin dernier confimatif de cette sentence. Cette cour a même décrété d'office deux autres employés, l'un de comparence personnelle, et l'autre d'assigué pour être oui.

Ce procès n'est pas encore terminé. Le régissseur est également appellant, en la cour des aides de Rouen, de trois des procès jugés précédemment en ma faveur.

Tel est en abrégé, Nosseigneurs, le tableau des vexations que les employés exercent contre moi depuis cinq ans. Je n'ai dû aucun de mes succès à des nullités ni à des exceptions de forme. Toutes les contestations qu'on m'a suscitées ont été jugées au fond, en sorte qu'il ne peut subsister contre moi aucun soupçon que j'aie cherché dans aucun temps à me soustraire au paiement des droits créés par les loix alors en vigueur.

Il me reste à vous observer, Nosseigneurs, que ces chicanes multipliées m'ont fait éprouver une perte réelle de plus de cinquante mille livres; tant par le tort que j'ai forcément éprouvé dans mon commerce, que par les déplacemens que la suite de tous ces procès a exigé de moi à Rouen et à Paris. Jugez maintenant de la triste position d'un citoyen honnête, d'un citoyen qui a donné à l'état seize enfans. Dites si, par votre décret du 22 mars dernier, vous avez entendu prononcer que ma fortune seroit anéantie et que je serois privé de poursuivre contre mes oppresseurs la réparation des torts énormes qu'ils m'ont fait essuyer. Je le répete, Nosseigneurs, ce seroit faire injure à votre justice et à votre humanité que de douter un instant que le sanctuaire de la justice continuera de m'être ouvert pour y obtenir satisfaction.

Si on révoquoit en doute les faits que j'ai l'honneur de mettre sous vos yeux, malgré les jugemens dont je suis porteur, et que j'offre de représenter, qu'on veuille bien faire cette réflexion, que si je ne regardois pas les réparations que je sollicite comme devant m'être nécessairement accordées, si je craignois de succomber, alors votre décret m'eût été favorable et je me garderois bien de venir ici vous importuner de mes réclamations.

Je finis en remarquant que l'explication que je sollicite intéressera une infinité de malheureux qui, comme moi, ont été l'objet des scélératesses et des vexations des employés, et qui poursuivent une trop juste vengeance.

Je vous supplie, Nosseigneurs, de déclarer que, par votre décret du 22 mars, vous n'avez pas entendu priver les particuliers qui se prétendroient vexés par la régie de continuer leurs poursuites sur les procès existans, et de se faire adjuger les condamnations, tant en dommages et intérêts qu'autrement, qui seront arbitrées par les tribunaux auxquels la connoissance de ces affaires sera transférée. Je partagerai toujours avec bien de la sincérité les vœux que forment tous les bons citoyens pour le succès de vos grandes opérations.

A Paris, ce 23 Avril 1790.

Cortel

www.ingramcontent.com/pod-product-compliance
Lightning Source LLC
Chambersburg PA
CBHW061616040426
42450CB00010B/2514